KB212726

광야에서 기억하라

이영숙 지음

하나님의 사람을
만들어 가는 **엘맨**
ELMAN

광야에서 기억하라

초판1쇄 2020년 8월 29일

지은이 : 이영숙
펴낸이 : 이규종
펴낸곳 : 엘맨출판사
등록번호 : 제13-1562호(1985.10.29.)
등록된곳 : 서울시 마포구 토정로222
              한국출판콘텐츠센터 422-3
전화 : (02) 323-4060,6401-7004
팩스 : (02) 323-6416
이메일 : elman1985@hanmail.net
www.elman.kr

ISBN 978-89-5515-688-1 03230

값 8,500 원

광야에서
기억하라

이영숙 지음

하나님의 사랑을 **엘맨**
만들어 가는 ELMAN

■ 샬롬 / 첫 번째

샬롬

오늘 하나님과의 깊은 교제를 기대하십니까. 주가 주시는 귀한 보물을 찾고 싶으신가요. 선물로 주시는 평강의 보화가 말씀에 숨어 있습니다. 묵상 중에 거룩한 나눔과 평강의 시간이 충만하시길 소망 합니다.

오늘 나누고 싶은 말씀은 신명기 2장 9절입니다.

여호와께서 내게 이르시되 모압을 괴롭게 말라 그와 싸우지도 말라 그 땅을 내가 네게 기업으로 주지 아니하리니 이는 내가 롯 자손에게 아르를 기업으로 주었음이로라 이스라엘 백성과 모세가 모압 광야로 향하던 그 때 주께서 모세에게 특별한 당부의 말씀을 하십니다. 모세처럼 하나님을 가까이 대면하며 순종함으로 그분과 친구처럼 교제를 나눈 지도자가 있었을까요. 그럼에도 하나님은 단호히 말씀 하십니다.

'모압 땅을 괴롭게도 하지 말고 그들과 싸우지도 말라',

'그것은 이스라엘의 기업이 아니다',

'이곳은 롯 자손에게 준 아르 땅이다'

신명기 2장 5절에도 같은 명령이 있습니다.

'그들과 다투지 말라 그들의 땅은 한 발자국도 너희에게 주지 아니하리니 이는 내가 세일산을 에서에게 기업으로 주었음이라'

세일산을 에서의 기업으로 주었기 때문에 그 땅을 한 발자국도 주지 않겠다 하셨습니다. 길을 지날 때 마실 물도, 먹을 양식도 빼앗지 말고 그들에게 사서 먹고 마시라 말씀하십니다. 단호하게 다투지 말고 빼앗지도 말라 명령하십니다.

모세 입장에서는 냉정한 하나님이십니다.

그들이 바라보던 그 자리, 붉은 세일과 풍요로운 모압 앞에 우리가 서 있었다면 어떻게 했을까요? 약속받은 그 땅에서 평안히 살고 있는 에서와 롯을 그냥 지나쳐 가라고 합니다. 정당한 댓가를 지불한 후 먹고 마시라 하십니다. 우리는 이 하나님의 명령을 통해 이스라엘 지체를 향한 그분의 선한 행하심을 발견 합니다.

우리는 명령을 받아 하나님의 뜻을 확장하고 그 지경을 넓혀가는 사역자며 전도자입니다. 그 길 가운데 자기만 옳다 주장할 때가 있습니다. 오늘 이 점을 함께 묵상하고 싶습니다.

하나님의 참 계획은 나만 알고 있고 나를 통해서만 그 뜻을 이루시며 나에게만 복 주신다는 생각,

어떻습니까.

  여기 말씀 속에서의 자손과 롯의 자손을 보십시
오. 주의 백성이 아님에도 공의의 하나님은 언약한
그 땅에서 복을 누리게 하시며 보호하고 계십니다.

  지금 내게만 복 주시고 내게만 그 나라와 뜻을 보
이시는 하나님을 찾고 계신가요?

  우린 하나님 안에서 하나의 공동체입니다. 동등
하며 동일한 은혜를 받는 하나님의 사람들입니다.
우리 모두가 하나님의 기업을 받고 뜻을 이루는 언
약의 백성입니다. 단 한분 뿐이신 동일한 하나님께
서 약속한 말씀을 이루기 위해 각자의 삶에서 일하
고 계십니다. 하나님 당신이 주신 기업으로 말미암
아 절대 싸우거나 빼앗지 말라고 세일과 모압을 들
어 말씀하십니다.

  다른 기업을 받은 지체의 지경을 빼앗지 말고 복

을 가로채지 않는 것. 그것이 바로 공의의 하나님께서 바라시는 우리의 참 모습입니다. 약속의 말씀을 믿고 의지하며 오늘 하루도 승리 하세요.

기도

하나님 아버지

하나님의 사람끼리 지경과 복을 가지고 다투지 않게 하소서.

공의의 하나님께서 공의로 약속의 말씀을 이루어 내시어 각 자손에게 기업을 물려 주셨음을 인정하고 신뢰하면서 하나님께서 명령하신 말씀을 어기지 아니하고 공의롭게 하나님의 뜻을 이루어 내게 하소서.

예수님 이름으로 기도 드립니다. 아멘.

■ 샬롬 / 두 번째

샬롬

지금 당신은 어디 서 계신가요? 메마르고 외로운 광야에서 하나님과 함께 계신가요.

아니면 나그네 길, 염려와 두려움으로 방황하고 계신가요. 오늘 말씀을 통해 광야에서 복 받은 야곱의 길이 당신에게도 이어져 있는 길 임을 알기 소망합니다.

오늘 나누고 싶은 말씀은 창세기 28장 11절입니다.

한 곳에 이르러는 해가 진지라 거기서 유숙하려고 그 곳의 한 돌을 가져다가 베개로 삼고 거기 누워 자더니 아버지 이삭으로부터 장자의 축복을 받은 야곱.

이 눈에 보이지 않는 장자의 축복이 반드시 이루어 질것을 야곱은 확실하게 믿었습니다. 그 믿음으로 야곱은 브엘세바를 떠나 홀로 광야 길에 있습니다. 어머니 고향 하란으로, 얼굴도 모르는 외삼촌 집으로 쫓겨가다 돌베개를 베고 누워 잠을 청합니다. 그 마음이 어땠을까요. 장자의 충만한 축복과 반대로 지금 이 광야는 너무 춥고 또 외롭습니다. 참담하고 비참한 인생의 첫 경험입니다. 돌베개에 의지한 야곱에게 하나님이 나타나십니다.

그리고 그의 꿈에서 '지금 너와 함께 하고 있다' 말씀하십니다.

야곱은 잠에서 깨어 하나님이 함께 계심과 그의 약속을 다시 한번 의지합니다. 그리고 돌베개를 베고 잠자던 이 곳이 하나님이 함께 계심으로 루스가 아닌 벧엘, 즉 하나님의 집임을 깨닫습니다.

야곱은 잠에서 깨어 여호와께 서원합니다.

'하나님이 내게 주신 모든 것에서 십분의 일을 내가 반드시 하나님께 드리겠나이다'(창 28장 22절 중)

하나님은 우리에게 야곱보다 더 많은 약속의 말씀을 주셨습니다. 그리고 그 약속을 이루고 계십니다. 하나님께서 이루어내신 일들을 얼마나 기억하고 있습니까. 이렇게 일 하시는 하나님의 마음과 그분의 뜻을 온전히 알고 계신가요?

우리는 광야로 나가는 것을 두려워합니다. 그저 아름답고 향기로운 꽃길만 가려고 합니다. 광야 돌베개에서 시작한 야곱을 향한 축복. 이 메마르고 외로운 길에서 하나님이 함께 하심을 깨닫는 것이 바로 야곱의 축복입니다.

광야에서 야곱의 축복이 임합니다. 우리는 광야의 길로 나가야 합니다. 그곳에서 하나님이 함께 하심으로 약속이 이루어지는 것을 기대해야 합니다.

오늘 하루 내가 있어야 할 곳은 광야인지, 꽃길인지 기도로 결단하는 사역자, 전도자 되길 소망합니다.

기 도

하나님 아버지 우리 스스로 돌베게를 베고 잠을 자는 하나님의 사람 되게 하소서.

스스로 광야의 길로 나가 하나님을 만나고 하나님께서 함께 하심을 알고 깨닫게 하소서.

멋지고 아름답고 꽃 길만 걷는 리더, 나의 비전을 향해 걸어가는 리더가 아니게 하소서.

광야를 거치며 하나님의 비전이 우리의 비전이 되게 하시어 참된 리더가 되게 하소서.

예수님 이름으로 기도 드립니다. 아멘.

샬롬

함께하는 공동체 지체들의 마음을 생각해 보셨나요?

오늘 말씀을 통해 상대의 마음을 돌아보며, 공동체 안의 지체들과 하나님의 뜻을 알아가는 시간되길 소망 합니다.

오늘 나누고 싶은 하나님의 말씀은 신명기 34장 8절입니다.

이스라엘 자손이 모압 평지에서 모세를 위하여 애곡하는 기한이 끝나도록 모세를 위하여 사십 일을 애곡 하니라

애굽에서 가나안 땅에 이르도록 이스라엘 백성들은 하나님의 은혜를 기억하지 못합니다.

원망과 불평, 탐욕으로 하나님과 모세에게 순종하지 않았습니다. 당을 지어 모세의 자리를 빼앗으려 했으며 심지어 돌로 쳐 죽이려고까지 했습니다.

그런 백성이 모세가 조상에게 돌아간 후에야 비로소 그가 이스라엘의 진정한 지도자였음을 인정하고 깨닫습니다. 그의 마지막 가르침이 모든 백성을 사랑했던 모세의 마음을 알게했습니다. 그리고 더 나아가 모세의 마음이 그들에게 은혜를 베푸신 하나님의 뜻과 마음이라는 것도요.

모세가 죽자 이스라엘 백성들은 회개와 용서를 구하며 애곡합니다. 우리도 애곡해야 합니다. 복음을 부끄럽게 여긴 우리들도 하나님 앞에서 불순종한 이스라엘 백성과 같습니다. 하나님의 뜻에 순종하지 않은 믿음을 회개하고 애통해 하며 용서를 구해야 합니다.

지금, 용서와 애곡의 은혜를 구해야겠습니다. 하나님께서 주신 은혜를 기억하지 못한 회개의 눈물을 구해야 합니다.

이스라엘 백성은 눈에 보이는 은혜는 감사하나, 고난 중 그 은혜를 잊고 하나님을 멸시하고 돌을 던지며 조롱 했습니다. 심지어 금송아지까지 만들어 우상으로 섬겼습니다.

지금, 우리가 이스라엘 백성들과 같은 부끄러운 신앙의 길을 걷고 있지는 않은가요? 먼저 그의 나라와 의를 구하며, 신령과 진정을 갖춘 예배자로 우리 앞에 서 계시는 영적 지도자의 마음을 헤아려야 합니다.

거룩한 하나님 앞에서 용서를 구하는 자로, 회개하는 자로, 지체의 마음을 헤아리는 자로 서야하겠습니다. 오늘도 회개의 눈물을 구하는 은혜가 있길 소망합니다.

기도

　하나님 아버지 오늘 우리들에게 애곡의 은혜를 주시옵소서.

　용서를 구하는 애곡의 눈물을 주시옵소서.

　회개하는 애곡의 눈물을 주시 옵소서.

　그리하여 하나님께서 우리의 눈물을 눈물병에 담으심으로 진정한 예배자가 되게 하소서.

　예수님의 이름으로 기도 드립니다. 아멘.

■ 샬롬 / 네 번째

샬롬

예수님과 동행하는 여러분의 매일과 모든 순간이 그리스도안에서 승리하시길 소망합니다.

오늘 나누고 싶은 하나님의 말씀은 신명기 1장 33절입니다.

그는 너희보다 먼저 그 길을 가시며 장막 칠 곳을 찾으시고 밤에는 불로, 낮에는 구름으로 너희가 갈 길을 지시하신 자이시니라

종 되었던 애굽 땅에서 가나안에 이르도록 하나님께서는 이스라엘 백성과 매 순간 함께하셨습니

다. 광야의 모든 길에서 밤에는 불로 낮에는 구름으로 걸음마다 동행하셨습니다.

매일 삶속에서 우리와 함께 하시고 동행 하시고 보호 하시는 하나님을 기억 하십니까? 천사를 통해 일하시고 보호하시며 일용할 양식과 의복의 필요를 채워주시는 하나님에게서 긍휼과 자비하신 주의 성품을 봅니다. 모든 염려와 두려움을 하나님께 맡기고 동행하기 원하시는 하나님의 사랑과 능력에 삶을 의지 합니다.

그러나 고백과 달리 우리는 불안과 염려를 완전히 맡기지 못합니다.

맡기지 못 하니 참 평강이 없는 삶을 삽니다. 우리의 중심을 아시는 하나님은 짐 된 모든 것을 십자가 사랑 앞에 내려놓으라 하십니다. 그 안에 거하며 근심과 염려, 두려움을 다 잊으라 말씀 하십니다.

평안 가운데 매일 하나님과 교제함으로 더욱 친

밀해 지기를 원하십니다. 밤에는 불로, 낮에는 구름으로 함께하시며 때를 따라 은혜를 베푸시는 하나님을 기억 하라 하십니다.

지금 하나님의 소리에 귀 기울이세요. 천사를 보내 삶의 문제를 해결하시는 그의 능력과 사랑 안에서 영원히 깨지지 않을 참 평강을 누리십시오. 약속의 말씀을 기억하며 매일 능력으로 은혜받는 삶 되시길 축복합니다.

기도

하나님 오늘도 저와 매일 동행하시고 은혜를 베푸시는 하나님을 기억 하게 하소서.

밤에는 불로, 낮에는 구름으로 천사를 동원 하시어 우리의 염려와 문제를 해결하고

안전 하게 우리 인생을 인도 하시는 하나님의 은

혜를 기억하는 하루 되게 하소서.

예수님의 이름으로 기도 드립니다. 아멘.

■ 샬롬 / 다섯 번째

샬롬

오늘 하루는 하나님께서 주신 선물입니다. 생명을 주심으로 누리는 귀한 시간입니다. 아름다운 일상에서 귀한 축복의 하루, 감사와 찬양의 하루, 은혜로 사명 감당하는 하루 되시길 소망합니다.

오늘 나누고 싶은 말씀은 신명기 34장 4절입니다.

여호와께서 그에게 이르시되 이는 내가 아브라함과 이삭과 야곱에게 맹세하여 그의 후손에게 주리라 한 땅이라 내가 네 눈으로 보게 하였거니와 너는 그리로 건너가지 못하리라 하시매

므리바 물 사건을 아시지요? 므리바는 에돔 동쪽 광야 땅입니다.

모세와 아론이 회중을 그 반석 앞에 모으고 모세가 그들에게 이르되 반역한 너희여 들으라 우리가 너희를 위하여 이 반석에서 물을 내랴 하고 모세가 그의 손을 들어 그의 지팡이로 반석을 두번치니 물이 많이 솟아나오므로 회중과 그들의 짐승이 마시니라 여호와께서 모세와 아론에게 이르시되 너희가 나를 믿지 아니하고 이스라엘 자손의 목전에서 내 거룩함을 나타내지 아니한 고로 너희는 이 회중을 내가 그들에게 준 땅으로 인도하여 들이지 못하리라 하시니라 이스라엘 자손이 여호와와 다투었으므로 이를 므리바 물이라 하니라 여호와께서 그들 중에서 그 거룩함을 나타내셨더라 (민 20 : 10~13)

애굽을 빠져나와 광야에 발을 디딘 이스라엘에게

마실 물이 떨어집니다. 이들은 곧바로 하나님을 저주하고 모세를 원망하며 그를 돌로 쳐 죽이려 합니다. 그러자 모세는 거룩함을 잃습니다. 화를 참지 못하고 반석을 쳐서 물을 내 하나님의 영광을 가리는 큰 잘못을 저지릅니다. '...내가 거룩하니 너희도 거룩할 지어다'하신 하나님의 명령을 모세가 따르지 않자 그에게 가나안 땅에 들어가지 못할 것이라 말씀 하십니다.

그리고 이 일을 민수기와 신명기에서 여러 번 강조 하십니다. '너는 그곳에 들어가지 못한다' 모세는 하나님의 기업 가나안에 들어가게 해 달라 간절히 기도 하지만 하나님은 더 이상 그 말을 하지 말라시며 단호히 거절합니다.

그럼에도 모세는 하나님의 명령에 순종합니다. 백성을 가나안 땅에 이르기까지 인도하며 주신 사역을 잘 감당 합니다. 우리가 모세였다면 그 상황에서 맡겨진 사역을 잘 감당 할 수 있었을까요?

우둔한 입술의 모세가 지팡이에 의지해 수 많은 백성을 애굽에서 이끌어 냅니다. 광야를 거쳐 젖과 꿀이 흐르는 약속의 땅으로 인도하기까지 그들의 원망과 분노를 고스란히 겪습니다. 그 고난의 사역을 온전히 순종한 모세가 단 한번 므리바에서 분노합니다. 그 분노로 하나님은 가나안의 약속을 모세로부터 거두어 가십니다.

그럼에도 그는 하나님의 명령에 순종해 주의 영광을 지켜냅니다.

사역 현장에서 작은 사명에도 우리는 하나님의 영광 보다는 우리의 영광을 먼저 생각합니다. 누군가 알아주길 바라고 사람과 하나님 모두에게 상 받기 원합니다. 하나님의 영광을 나의 영광으로 가로채는 우리의 약한 믿음의 실체를 봅니다.

헌신하고 순종한 만큼 기도의 응답이 없으면 바로 실족 합니다. 하나님을 원망하면서 사역을 포기

합니다.

우리의 약한 믿음을 함께 나누고 싶습니다. 하나님의 영광을 위해 순종하십니까. 아니면 나의 영광을 위해 순종하십니까. 하나님께서는 십자가 구원의 사랑을 조건 없이, 값 없이 선물로 주셨습니다. 우리의 사역과 기도가 조건 없는 순종 안에서 이루어질 때 하나님의 완전한 은혜와 사랑이 열매 맺게 됩니다. 값 없이 주신 예수그리스도 구원의 사역을 간구하는 사역자 되시길 축복합니다.

기도

하나님 아버지

우리의 사역도 모세를 따라 절대적 순종의 사역 되게 하소서.

조건 없는 하나님의 뜻을 이루는 사역자, 전도자

되게 하소서.

예수님의 이름으로 기도 드립니다. 아멘.

■ 샬롬 / 여섯 번째

샬롬

마음에 불순한 찌꺼기가 있습니까. 말씀 묵상의 자리로 나와 은혜의 바람, 성령의 바람으로 날려 보내길 소망합니다.

오늘 나누고 싶은 말씀은 출애굽기 34장 33절입니다.

모세가 그들에게 말하기를 마치고 수건으로 자기 얼굴을 가렸더라

모세가 시내산에서 40일 주야로 하나님과 마주하며 성막 건축의 일과 십계명을 받습니다. 산을 내

려오는 모세의 얼굴이 하나님의 영광으로 광채가 납니다. 그 빛이 강해 온 이스라엘 백성과 아론이 가까이 가기를 두려워합니다. 백성이 두려워 다가오지 못하자 모세는 아론과 회중의 어른들만 부릅니다. 그들에게 하나님의 말씀과 명령을 전한 후에야 다시 그 얼굴을 수건으로 가립니다.

모세는 왜 수건으로 얼굴을 다시 가렸을까요? 그것은 그들이 모세를 하나님을 본 것처럼 두려워했기 때문입니다. 모세는 자신의 얼굴을 가려 절대적 순종과 겸손을 보였습니다.

오늘 이 말씀을 묵상하기 원합니다.

성령의 시대를 사는 우리 사역자들은 어떻습니까.

성령님의 은사로 이적과 기사가 나타나면 자신의 능력과 영광으로 이루어 낸 듯 하나님과 같아지려고 합니다. 성도들 역시 이를 행한 사역자를 용한 점쟁이처럼 여겨 주께 대하듯 합니다. 그 크고 놀라운 일을 행하신 전능한 하나님의 능력을 인정하지 않습니다.

은사 받은 사역자를 맹목적으로 따르는 성도가 주변에 얼마나 많습니까.

하나님의 뜻은 사라지고 오직 눈 앞의 문제 해결에만 초점이 맞춰 있습니다. 살아계신 하나님과 문제 해결의 주권을 가진 예수 그리스도만이 답임을 믿어야 합니다.

수건으로 얼굴을 다시가린 모세의 겸손과 순종을 기억하며 마음에 새겨야 할 것입니다. 나의 나 됨은 죽고 하나님께만 영광 돌리는 순종과 겸손의 사람이 되시길 축복합니다.

진정 내 안에 예수 그리스도가 계시는지, 내가 죽지 않고 남아 하나님의 영광을 가리는 것은 아닌지 깨닫는 은혜를 구하길 소망합니다. 우리들의 입술

의 모든 말과 오늘 마음의 묵상이 주께 열납되길 원
하고 바랍니다.

기도

하나님 언제나 나의 삶이 하나님만 드러나는 삶
이 되게 하시고, 나를 하나님의 영광을 드러 내는
증인으로 사용 하소서. 이 모든 일을 하나님께서 하
셨음을 진심으로 고백 하고 수건으로 얼굴을 가리
는 겸손으로 내가 없게 하여 주소서. 수건을 얼굴을
가리는 겸손과 순종이 내게 있게 하소서. 예수님의
이름으로 기도 드립니다. 아멘.

■ 샬롬 / 일곱 번째

샬롬

지금 우리의 생각과 시선은 어디로 향해 있습니까. 무엇에 집중해 있으신가요. 말씀 묵상을 통해 우리의 시선과 생각이 하나님께로 향하길 소망합니다.

오늘 나누고 싶은 말씀은 출애굽기 14장 13절입니다.

모세가 백성에게 이르되 너희는 두려워 말고 가만히 서서 여호와께서 오늘 너희를 위하여 행하시는 구원을 보라 너희가 오늘 본 애굽 사람을 영원히 다시 보지 아니하리라 애굽 땅에서 탈출한 이스라엘 백성이 홍해 바다를 건너려고 합니다. 뒤로는 애굽의 최강 철병거 군대가 비아히롯 곁 해변까지 쫓아왔습니다. 해변가의 모든 군대가 장막 친 것을 이스라엘 백성이 두려움에 떨며 바라보고 있는 상황입니다.

이 장면에서 우리는 두 마음을 상상할 수 있습니다.

이스라엘 백성의 두려움과 원망의 마음, 모세의 담대함과 주를 향한 순종의 마음입니다.

앞에는 끝없는 바다가, 뒤로는 애굽의 군대가 있습니다. 사면을 보아도 도움 받을 곳 하나 없는 상태입니다. 이제 곧 죽을 목숨입니다. 이스라엘은 원망과 분노로 하나님과 그들을 이 자리까지 이끌어 준 모세를 공격하기 시작합니다. 모세는 그 상황을 어떤 마음으로 바라보고 있었을까요?

모세 역시 사람이기에 두려웠을 겁니다. 이스라엘 백성보다 더 무서웠을 겁니다. 열 가지 재앙으로 바로와 맞선 지도자 모세. 애굽의 막강한 군대를 보면서 생명의 위협을 느낌과 동시에 하나님이 함께 하신다는 믿음을 놓지 않았습니다. 모세는 더 강하고 담대함으로 백성들을 향해 외칩니다.

"„„영원히 다시 보지 아니하리라"

하나님께서 애굽 군대를 진멸 하신다는 강한 믿음의 선포와 순종함으로 그 뜻을 담대히 따르겠다는 고백입니다. 우리의 상황도 같습니다. 염려와 두려움이 한꺼번에 몰려오는 고난 중에도 모세처럼 강하고 담대하게 믿음을 선포 할 수 있을까요?

사탄의 공격이 영원히 너를 해치지 못 하리라는 하나님의 약속을 믿고 담대히 선포 할 수 있을까요?

인생의 벼랑 끝에 내몰린 상황. 우리를 구원의 길로 인도하신 주님. 그분의 사랑과 나를 위해 일 하심을 믿음으로 받아들이길 소망합니다.

기도

하나님 내 인생이 초토화되는 문제 앞에서도 믿음의 말로 선포하는 강하고 담대한 모세의 믿음을 주시옵소서. 두려움에 떨지 아니하며 잠잠히 하나님께서 문제를 해결 하여 영원히 구원으로 이루어 내는 믿음의 말, 선포의 말을 하는 제가 되게 하소서. 그리하여 천사로 통하여 하나님의 일 하심을 보게 하소서. 예수님의 이름으로 기도 드립니다.

■ 샬롬 / 여덟 번째

샬롬

바쁜 일상 중에도 스스로 위로하고 축복하길 바랍니다. '넌 참 행복한 사람이야'로 자신을 위로하며 하나님의 사랑을 확인하는 하루되시길 소망합니다.

오늘 나누고 싶은 말씀은 신명기 33장 29절입니다.

이스라엘이여 너는 행복한 사람이로다 여호와의 구원을 너같이 얻은 백성이 누구냐 그는 너를 돕는 방패시요 네 영광의 칼이시로다 네 대적이 네게 복종하리니 네가 그들의 높은 곳을 밟으리로다 죽음을 앞 둔 모세가 두 손을 들어 이스라엘 백성을 향해 '너는 행복한 사람이로다', 축복의 메시지를 전합니다.

이 말씀에 모세의 마음이 생생이 살아 있습니다.

눈 앞의 백성들은 이제 곧 세상을 떠날 모세를 뒤로 하고 약속의 땅 가나안으로 들어갑니다. 얼마나 부러웠을까요. 약속의 땅, 젖과 꿀이 흐르는 땅, 가나안에서 새로운 삶을 시작 하는 이스라엘 백성들. 하지만 모세는 하나님의 명령에 순종하여 이제 죽음으로 돌아갑니다.

죽음을 앞에 둔 모세는 백성을 시기와 질투로 바라보지 않고 저들과 약속의 땅에서 함께 살고 싶은 간절한 마음으로 축복 합니다.

'너는 참 행복한 사람이야, 너는 참 행복한 자야'

자신의 마음을 담은 아름다운 메세지를 선포 합니다. 우리는 구원받은 자들입니다. 젖과 꿀이 흐르는 저 가나안 땅, 그 곳에 들어가는 선택받은 자들입니다. 그리스도의 십자가가 우리에게 성령님을 보내셨습니다.

이 귀한 사실을 잊어버린 채, 부인하며 살고 계시진 않으신가요?

형식과 율법만 남은 행위, 눈에 보이지 않는 것을 무시하는 헛된 믿음. 매일, 매 순간 예수님과 동행하는 삶이 가나안이요, 젖과 꿀이 흐르는 땅입니다.

그곳에서 행복을 누릴 수 있는 이들이 바로 당신과 나 라는 사실을 깨닫기 원합니다. 지금 내가 누리는 이 삶이 구원받은 백성으로, 하나님의 자녀로 특권을 누리는 삶임을 알아야 합니다. 고난과 역경 중에도 모세가 부러워한 '너는 행복한 사람이로다'의 주인공이 바로 나 자신임을 기억하시기 바랍니다. 여러분은 행복한 사람입니다. 저 또한 행복한 사람입니다.

기도

하나님 저는 참 행복한 사람 임을 고백 합니다

주님 따라 사는 삶이 고난이지만 그 고난길은 축복의 길이요 행복으로 향하는 길임을 알게 하소서. 구원받은 자로 하나님의 자녀로 예수님과 함께하는 동역자로서 우리는 행복한 사람 임을 인정하고 고백하게 하소서. 그 고백이 곧 축복이요, 행복임을 깨닫고 살아가게 하소서,

예수님 이름으로 기도 드립니다. 아멘.

■ 샬롬 / 아홉 번째

샬롬

당신의 매일은 어떻습니까. 똑같이 반복하는 하루를 말씀으로 시작한다면 밭에 묻힌 보화를 찾은 하루가 될 것이라 믿습니다. 지금 오늘의 보물을 찾는 귀한 시간되길 소망합니다.

오늘 나누고 싶은 말씀은 신명기 30장 9절에서 10절입니다.

네가 네 하나님 여호와의 말씀을 청종하여 이 율법책에 기록된 그의 명령과 규례를 지키고 네 마음을 다하여 뜻을 다하여 여호와 네 하나님께 돌아오면 네 하나님 여호와께서 네 손으로 하는 모든 일과 네 몸의 소생과 네 가축의 새끼와 네 토끼 소산을 많게 하시고 네게 복을 주시되 곧 여호와께서 네 조상들을 기뻐하신 것과 같이 너를 다시 기뻐하사 네게 복을 주시리라

모세가 가나안 땅이 보이는 모압 평지에서 이스라엘 백성에게 하나님의 '복'에 대한 말씀을 전합니다.

같은 장 1절부터 시작하는 '복'의 말씀에 유난히 눈에 띄는 단어가 있습니다. '돌아와', '돌아 오면', '돌이키시되', '돌아오게 하사'입니다. 복보다 더 자주 쓰입니다. 무엇을 이야기 할까요? 맞습니다. '여호와께로 돌아오면 복을 받는다'입니다.

이 복을 받기 위해 여호와께 돌아오는 것은 어려운 일이 아니라는 말씀도 함께 하십니다.

여호와께 돌아 오는 길은 하늘에 있는 것도 아니요, 바다에 있는것도 아니니 어서 돌아와서 복을 받으라는 말씀입니다. 우리가 사는 지금 이 시대에도

하나님께서는 내게 돌아오면 복을 받는다고 말씀하십니다. 하나님의 음성에 귀 기울이며 말씀에 집중하시길 원합니다.

하나님께 돌아오는 것은 말씀에 순종하는 것입니다. 신령과 진정으로 거듭나 거룩한 예배자로 서는 것입니다.

말씀에 순종하고 거룩한 예배자가 되기 위해 기도하면 분명히 복을 주신다고 말씀 하셨습니다. 그것은 그리 어려운 것도 아니라고 말씀 하십니다. 하나님은 지금 당신이 돌아오길 간절히 원하십니다.

쉽고 편하게, 세상과 타협하며 다니는 교회. 눈에 보이는 열매만 바라는 사역 현장.

신앙 생활이 아닌 종교 생활을 하는 나의 모습을 하나님께서는 어떻게 바라보고 계실까요.

성령님을 의지해 돌아오라, 돌이키라는 하나님의 명령에 순종 하길 원합니다.

오늘 여호와께 돌아가는 결단과 성령님의 인도를

따르는 복된 하루가 되길 소망 합니다.

기도

하나님 여호와께로 돌아 가는 제가 되게 하소서.

성령님의 도우심으로 함께 하시는 하나님을 의지 하면서 신령과 진정으로 예배하는 예배자의 삶 살게 하소서.

성령님의 도우심을 구하옵고 함께 동행 하시는 하나님을 의지 합니다.

예수님의 이름으로 기도 드립니다. 아멘.

■ 샬롬 / 열 번째

샬롬

좋은 일이 일어나길 원하십니까? 행복한 하루를
바라세요?

평강의 말을 전하세요. 그 안에 주가 원하시는 평
강의 안식이 듣는 이나 말하는 이 모두를 축복 할
것이라 믿습니다. 옳은 말, 바른 말 보다 좋은 말로
영혼을 살리는 하루 되시길 소망합니다.

오늘 나누고 싶은 말씀은 민수기 14장 28절입
니다.

그들에게 이르기를 여호와의 말씀에 내 삶을 두고
맹세하노라 너희 말이 내 귀에 들린 대로 내가 너희에

이스라엘 백성들은 가나안 땅으로 들어가기 전 열두 명의 정탐꾼을 보냅니다. 정탐을 마친 이들은 유숙하던 광야로 돌아와 성 안에서 본 것을 느낀 그대로 보고합니다. 여호수아와 갈렙을 뺀 열 명의 정탐꾼은 두려움에 떨며 견고한 성읍과 강한 거민에 대해 이야기합니다. 자신과 이스라엘을 메뚜기로 비교합니다. 하나님이 함께 하신다는 믿음을 잃은 사람들입니다.

열 명의 정탐꾼 이야기를 들은 이스라엘 백성이 하나님을 원망합니다. 분노하여 모세를 공격 합니다. 애굽 땅에서 나와 홍해 바다를 건너온 은혜를 기억 하지 못하고 하나님을 저주 합니다. 모세를 향해 돌을 던지려합니다.

이런 상황을 하나님께서는 이미 다 아시고 이스라엘 자손들에게 말씀하십니다.

'...내 삶을 두고 맹세 하노라 너희 말이 내 귀에 들린 대로 내가 너희에게 행하리니'

결국 하나님은 40년 광야 생활 중에 그들이 말 한 그대로 모든 이스라엘 백성을 진멸 하십니다.

오늘 함께 묵상하고 싶은 하나님의 말씀은 '말'입니다. 여러분은 하루 동안 얼마나 많은 말을 하십니까. 그 중 믿음의 말은 얼마나 되나요? 하나님께서는 우리가 말 한 대로 행하신다 하셨습니다. 우리는 삶속에서 어떤 말을 하는 믿음의 사람들일까요?

어떤 말로 어떤 영향력을 끼치는 사람인지 되돌아보고 선한 말로 그리스도의 영향력을 끼치는 삶이되길 소망 합니다.

기도

성령님을 의지하여 기도합니다.

말의 위력을 생각 하게 하시고 살리는 말,

하나님의 믿음의 사람으로 주변을 선한 영향력을 끼치는 아름다운 말,

옳은 말 보다는 선하고 복된 말을 하여 하나님의 선한 인도함을 받게 하는 믿음의 사람 되게 하시옵소서.

예수님 이름으로 기도 드립니다. 아멘.

■ 샬롬 / 열한 번째

샬롬

맡겨진 사역이 힘드신가요. 전해야 할 주의 복음이 부담스럽고 부끄러우십니까. 힘들고 지쳐도 더욱 힘을 내 주께서 주신 사명 감당하시길 소망합니다.

오늘 함께 나누고 싶은 말씀은 신명기 1장 9절입니다.

그 때에 내가 너희에게 말하여 이르기를 나는 홀로 너희의 짐을 질 수 없도다

모세가 이스라엘 백성에게 말 합니다.

'나는 능력이 없어 홀로 너희의 짐을 질 수 없도다, 너희의 하나님 여호와께서 너희를 번성하게 하셨으므로 너희가 오늘날 하늘의 별 같이 많거니와... 그런즉 나 홀로 어찌 능히 너희의 괴로운 일과 너희의 힘겨운 일과 너희의 다투는 일을 담당 할 수 있으랴'

많이 들어본 말입니다. 네 그렇습니다. 광야에서 하나님을 만나 애굽 땅 종된 너희 백성을 구하라 하신 하나님 앞에서 홀로 그 짐을 질 수 없다 했던 모세의 대답, 기억 하십니까.

주의 부름에 입술이 어둔한 자요, 말이 부족한 자라 답하며 하나님이 화내기 까지 그 명령을 따르지 않았습니다.

이번에도 하나님은 다시 모세를 불러 그를 행정가로 재판장으로 세웁니다. 그 모세가 이번에는 별과 같이 많은 수의 백성 앞에서 너희의 모든 일을 나 혼자 담당 할 수 없다고 이야기 합니다.

이런 모세를 위해 하나님은 각 지파에서 지혜와 지식으로 인정받는 자들을 택하여 수령으로 삼게 하십니다. 그리고 수령들과 합력하여 계명으로 잘 다스리라, 하나님의 나라를 확장 해 주의 백성을 안전하게 지키라 하십니다.

모세는 한번 더 명령에 순종해 지파별 리더를 세웁니다. 그들과 연합해 가나안땅을 차지하며 하나님의 나라를 확장하고 구원을 선포 할 길을 예비 합니다.

우리도 연합해야 합니다.

하나님 나라와 그리스도의 머리되신 교회는 합력하여 선을 이루며 살아가야 합니다.

좁고 어려운 길일수록 지체와의 협력을 바라시는 하나님은 연합을 통해 그의 일하심을 크게 보이십니다.

오늘도 힘 내십시오. 모세처럼 연합하는 선을 행함으로 하나님의 명령에 순종하는 전도자 되시길 소망합니다.

기도

하나님 아버지

연합 하는 제가 되게 하소서.

화합 하는 제가 되게 하소서

선한 영향력으로 공동체를 화평케 하는 자가 되
게 하소서.

예수님 이름으로 기도 드립니다. 아멘.

■ 샬롬 / 열두 번째

샬롬

힘들 때 말씀만이 구원의 길임을 믿으시길 바랍니다. 말씀에 하나님이 우리에게 원하시는 것이 들어 있습니다. 하나님의 뜻을 아는 지혜로 참 평안함을 얻는 하루 되시길 소망합니다.

오늘 함께 나누고 싶은 말씀은 출애굽기 7장 3절과 4절입니다.

내가 바로의 마음을 완악하게 하고 내 표징과 내 이적을 애굽 땅에서 많이 행할 것이나 바로가 너희 말을 듣지 아니할터인즉 내가 내 손을 애굽에 뻗쳐 여러 큰 심판을 내리고 내 군대, 내 백성 이스라엘 자손을 그 땅

바로왕과 애굽 백성의 마음을 완악하게 하신 하나님.

모세와 이스라엘 백성은 강퍅한 애굽을 수 없이 쳐서 무너트린 하나님의 능력을 봅니다. 그리고 그 능력을 믿음으로 애굽 땅을 빠져 나오는 구원에 이릅니다.

우리는 완악한 마음의 불신자와 그리스도를 멸시하는 자에게 복음을 전하는 전도자입니다.

우리가 이들을 죄로부터 이끌어 내 구원의 길로 인도하려면 무엇이 필요할까요?

네, 그렇습니다. 모세와 이스라엘 백성이 경험한 하나님의 능력, 그 능력에 대한 믿음과 신뢰가 필요합니다.

하나님은 전도자, 사역자로 부름 받은 우리 마음의 중심을 보십니다. 하나님의 말씀 없이 우리는 사명과 믿음을 지키기 어렵습니다. 성령의 능력과 인도가 필요합니다.

구원의 능력을 확신하는 믿음은 말씀으로부터 나옵니다. 그 말씀이 우리의 믿음을 지킵니다. 전도의 발걸음을 지혜롭게 하며 마음의 감동을 주사 은혜로 사명에 순종하게 합니다.

모든 구원받은 성도가 하나님 앞에 모여 영광 돌릴 그 날!

그 날이 반드시 올 것이라는 확신으로 오늘 하루 승리하시길 기도합니다.

기도

오늘도 제 마음을 아시는 주님.

주님께 시선 집중 하여 제 마음을 온전히 드리는 하루 되게 하소서.

이 어려운 시기에 믿음을 지키는 자 가 되게 하소서.

견고히 생각과 마음을 지키게 하소서.

예수님 이름으로 기도 드립니다. 아멘.

■ 샬롬 / 열세 번째

샬롬

하나님의 섭리 가운데 만물이 소생하듯이 오늘 하루 여러분의 영혼이 주의 영광 앞에 활짝 피어나길 소망합니다.

오늘 함께 나누고 싶은 말씀은 신명기 3장 26절 입니다.

여호와께서 너희 때문에 내게 진노하사 내 말을 듣지 아니하시고 내게 이르시되 그만해도 족하니 이 일로 다시 내개 말하지 말라

모세가 가나안 땅에 들어갈 백성에게 므리바 물

사건을 이야기하며 자신이 가나안 땅에 들어가지 못 하는 이유를 설명합니다. 이 일을 알지 못하는 세대가 많았기 때문입니다.

여전히 하나님을 신뢰하지 못하는 백성에게 분노한 모세, 화가 난 채로 '지팡이로 반석을 치라'는 주의 명령을 '우리가 너희를 위하여 이 반석에서 물을 내랴'하며 지팡이를 들어 반석을 칩니다.

'우리가 너희를 위하여 이 반석에서 물을 내랴'

분노 때문에 하나님의 거룩함을 자신의 분노와 능력으로 돌린 모세는 이 사건으로 가나안 땅에 들어 갈 수 없게 됩니다.

사역과 전도의 자리는 어려운 자리입니다. 감정 조절이 어려운 상황도 있으며 억울한 일도 많습니다. 주의 사명을 감당하며 분노의 기도를 하고 계시진 않으신가요? 우리는 모세와 같은 자리에 서 있는 사역자입니다. 전도자입니다.

그들을 긍휼로 안고 소망의 기도를 해야 합니다.

그들을 품게 하신 하나님께 감사의 기도를 하시길 소망 합니다. 주께서 허락하신 귀중한 오늘 나의 기도를 점검하고 하나님과의 관계를 새롭게 맺는 하루되길 소망합니다.

기도

하나님 아버지.

제게 성령의 눈물을 흘리게 하소서.

제게 회개의 눈물을 흘리게 하소서.

제게 사랑의 눈물을 흘리게 하소서.

제게 긍휼과 용서와 자비의 눈물을 흘리게 하소서.

예수님 이름으로 기도 드립니다. 아멘.

■ 샬롬 / 열네 번째

샬롬

우리는 연약합니다. 그러나 약한 우리가 강함 될
때가 있습니다. 말씀에 집중할 때입니다. 응답받고
인도받아 연약함이 강함의 자리에 앉는 하루되길
소망합니다.

오늘 함께 나누고 싶은 말씀은 신명기 9장 5절
입니다.

네가 가서 그 땅을 차지함은 네 공의로 말미암음도
아니며 네 마음이 정직함으로 말미암음도 아니요 이 민
족들이 악함으로 말미암아 네 하나님 여호와께서 그들
을 네 앞에서 쫓아내심이라 여호와께서 이같이 하심은

네 조상 아브라함과 이삭과 야곱에게 하신 맹세를 이루려 하심이니라

애굽을 떠나 약속의 땅 가나안에 이르기까지 이스라엘 백성은 광야에서 어떤 일을 했을까요?

불평하기, 원망하기, 분당하여 서로 정죄하기, 금송아지 만들기, 우상숭배하기, 모세와 아론을 돌로 치려하기, 애굽으로 돌아가자 선동하기, 이방여자와 간음하기, 약속의 땅 앞에서 하나님을 배반하기, 탐욕,탐심.. 이 모든 일을 겪으시고도 하나님은 이스라엘 백성을 가나안 땅으로 인도하십니다.

그들의 믿음이 좋아서였을까요? 아니면 그들의 죄를 가나안 원주민의 죄 보다 가볍게 여기셨기 때문이었을까요? 그래서 이스라엘을 진멸의 도구로 쓰셨을까요?

그들에게 약속의 땅 가나안의 원주민들을 진멸하라 하심은 그들의 믿음으로 인한 것도 아니요 죄

가 없어서도 아닙니다.

약속 때문입니다. 그들의 조상에게 하신 약속 말입니다. 아브라함과 이삭과 야곱에게 하신 그 말씀을 이루기 위해 말씀에 불순종한 이스라엘 백성에게 복을 주셨습니다.

이 말씀으로 나를 돌아봅니다. 하나님의 자녀로 나는 의롭다하며 다른 이들을 정죄하는 행위.

저 사람은 저게 문제야, 그래 저렇게 하니 복을 못 받지, 나는 이렇게 의로운데 저 사람은 의가 없구나. 저렇게 거짓말을 하네, 난 정직해서 복 받을 거야. 비판하고 정죄하며 자신의 의로움을 하나님 앞에서 자랑으로 여깁니다.

하나님 앞에서 의로운 자도 정직한 자도 없습니다. 그것을 잘 아시는 하나님께서는 일방적인 언약과 은혜로만 우리를 구원하시고 사용하십니다.

왜 우리를 사용하실까요? 모든 이들의 구원을 이루어 내기 위해서입니다.

하나님은 우리를 전도자로 세우셨습니다. 한 영혼을 천하보다 귀하게 여기시는 그분의 마음을 전하는 일입니다. 이 일은 우리의 행위가 의롭기 때문도 아니고 하나님 앞에서 정직하기 때문도 아닙니다. 하나님은 약속의 말씀을 이루기 위해 가장 낮고 연약한 우리를 들어 사용하시고 세우십니다. 그것이 우리와 구원받을 영혼을 위한 하나님의 큰 뜻임을 기억해야 합니다.

오늘도 약속의 말씀을 붙잡는 하루 되시길 소망합니다.

기도

우리를 사용 하시는 하나님. 우리가 의로워서도 아니고 우리가 복음 앞에 정직해서도 아님을 압니다. 하나님의 뜻을 이루기 위해 부르신 부족한 자녀에게 능력을 주시어 도구로 사용하소서. 역사 하시는 아버지께 오늘도 입술로 고백 합니다. 약함이 강함 되게 하시는 하나님을 의지 하며 나아 갑니다. 예수님 이름으로 기도 드립니다. 아멘.

■ 샬롬 / 열다섯 번째

샬롬

예수님은 구원의 십자가를 지셨습니다. 당신은 어떤 십자가를 지고 계십니까. 내가 진 십자가에 예수님의 보혈이 있습니다. 그 십자가를 다시한번 경험하시길 소망합니다.

오늘 함께 나누고 싶은 말씀은 출애굽기 2장 1절입니다.

레위 가족 중 한 사람이 가서 레위 여자에게 장가 들어

야곱과 그의 열두 아들 그리고 요셉의 가족 70여

명이 4대를 거치면서 수만 명의 민족이 되었습니다. 하나님께서 이들을 창대하게 하셨습니다. 이 백성이 일어나 반역을 일으킬까 애굽왕 바로의 걱정이 나날이 늘어갑니다. 그래서 바로왕은 새로 태어난 이스라엘의 남자 아기를 죽여 이스라엘 민족의 씨를 말리려 합니다. 학대와 억압에 종 노릇도 모자라 민족이 끊어질 상황입니다.

그럼에도 레위 남자와 레위 여자가 결혼을 합니다. 두 사람의 간절함이 이 한 구절에 녹아 있는 것 같습니다.

억압받는 종 살이, 내일 죽을지 모르는 노예생활에 하나님이 함께 하고 계심이 느껴지십니까? 하나님을 향해 생명과 구원의 자유를 바라는 두 사람의 소망이 느껴지시나요?

레위 남자와 레위 여자는 생명과 자유의 십자가를 지고 하나님의 뜻을 이루어갑니다. 하나님이 함께 하시는 구원을 이루기 위한 간절함이 그들의 십자가에 있습니다.

당신의 십자가는 무엇인가요?

말씀의 결혼한 레위지파 부부처럼 구원을 위해 죽으면 죽으리라 하는 마음으로 명령에 순종 할수 있을까요? 그렇게 사용되는 전도자로 사역자로 설수 있을까요?

고난과 환란의 시대에 당신은 어디까지 믿음을 지키고 순종으로 그 명령을 따를수 있겠습니까. 나의 십자가는 내가 아닌 하나님께서 가장 잘 아십니다. 말씀 묵상으로 하나님과의 관계가 깊어 질 때 내가 짊어질 십자가도 확실히 보이게 될 것입니다. 순종함으로 십자가를 바라보는 하루 되시길 소망 합니다.

기도

하나님 아버지.

우린 어디까지 십자가를 메고 갈 수 있을까요?

항상 우리는 작은 결실에도 주님께 힘 들다고 떼 씁니다.

입술로는 사용 해 달라 하지만 막상 부르시면 우린 도망치듯이 변명과 타협 합니다.

하나님과 저와 교제 가운데 자원하여 십자가를 지는 믿음의 사람 되게 하소서.

예수님 이름으로 기도 드립니다.아멘.

■ 샬롬 / 열여섯 번째

샬롬

하나님의 음성에 귀 기울이는 기도의 시간을 갖고 계신가요? 깊은 묵상과 교제로 하나님과 동행하는 하루 되길 소망합니다.

오늘 함께 나누고 싶은 말씀은 신명기 3장 25절입니다.

구하옵나니 나를 건너가게 하사 요단 저쪽에 있는 아름다운 땅, 산과 레바논을 보게 하옵소서 하되

므리바 물 사건으로 모세는 아름다운 레바논, 약속하신 가나안의 땅에 들어가지 못합니다. 하나님

께서 그 길을 단호하게 막으십니다.

모세는 거듭 간구합니다.

'요단 저쪽에 있는 아름다운 땅, 산과 레바논을 보게 하옵소서'

이스라엘 백성과 모세를 비교해볼까요. 불평과 분노가 가득한 이스라엘. 그 죄 많은 백성은 금송아지를 만들어 섬겼음에도 가나안 땅을 차지 합니다. 그러나 말씀에 절대 순종한 모세는 가나안이 바로 내려다 보이는 곳에서 그 기업에 발 한번 디뎌보지 못하고 죽어야 하는 운명입니다.

얼마나 억울할까요. 얼마나 서운했을지 마음이 다 아픕니다. 그럼에도 모세는 순종으로 주의 명령을 따릅니다.

그 땅을 앞에 두고 가나안에서 받을 복 과 받을 기업에 대해 그리고 하나님의 율법을 설명하는 마지막 고별설교를 합니다. 하나님의 뜻에 자신의 뜻

을 맞춰 온 모세. 가장 원하던 그 부분까지 하나님
의 명령에 순종 했습니다.

나의 뜻과 다르다 할지라도 하나님께 맡기는 삶.
내 이익을 포기하더라도 온전히 따르는 순종.

그 안에 하나님의 참 평강이 있습니다. 전도자로,
사역자로 세움받은 자들에게 참 평강을 주시는 하
나님을 기대하며 오늘 하루 승리하세요.

기도

하나님 아버지 우리의 인생의 길을 우리가 계획
한다 할 지라도 인도 하시는 이는 하나님 이심을 깨
닫게 하소서.

우리의 삶과 우리의 사역을 맡기는 믿음을 주시
옵소서.

예수님 이름으로 기도 드립니다. 아멘.

샬롬

매일 하나님과 동행 하십니까. 함께하길 원하는 하나님을 기대하시는지요. 말씀 묵상으로 우리 곁에 계시는 하나님을 만나길 소망합니다.

오늘 함께 나누고 싶은 말씀은 출애굽기 32장 1절입니다.

백성이 모세가 산에서 내려옴이 더딤을 보고 모여 백성이 아론에게 이르러 말하되 일어나라 우리를 위하여 우리를 인도할 신을 만들라 이 모세 곧 우리를 애굽 땅에서 인도하여 낸 사람은 어찌 되었는지 알지 못함이니라

시내산에 도착한 모세는 산에 오릅니다. 하나님의 영광이 가득한 산 꼭대기에 이른 후 계명을 받고 지어야 할 성막에 대해 하나님과 이야기를 나눕니다. 사십일 밤 낮을 여호와와 함께 합니다.

구름과 안개, 천둥 번개가 울리는 산 아래의 장막에서 기다리는 백성들은 날이 지날수록 점점 불안합니다. 산 위에 오른 모세는 40일이 다 되도록 내려오자 않습니다.

가나안 땅으로 가려면 모세가 필요합니다. 하나님이 약속하신 그 좋은 땅 가나안에 속히 들어가야 할 것 같습니다. 욕심이 생깁니다. 모세는 이미 죽었을지 모른다는 생각에 이제 하나님이 직접 우리를 이끌어 가나안으로 가야 된다 생각 합니다. 하나님은 눈에 보이지 않으시니 그분의 형상을 눈에 보이는 우상의 모양으로 만들어야겠다고 결심합니다.

하나님이 주신 그 땅에 금송아지를 의지하며 들

어가려 합니다. 욕망과 탐욕에 눈이 멀어 그 젖과 꿀이 흐르는 가나안 땅으로 속히 가려는 마음이 우상을 만들어 냈습니다. 아론도 그들과 뜻을 같이 합니다.

이 사건으로 하나님께서 3천명의 백성을 죽입니다. 진멸하십니다.

'더딤을 보고'에서 이스라엘의 마음이 느껴집니다. 목적지를 앞에 두고 있는 조급함과 하나님의 도움 없이도 들어갈수 있다는 교만한 마음이 있었습니다. 그 마음이 금 송아지를 앞 세워 가나안으로 들어가라고 합니다.

하나님의 때를 기다리지 못한 이들을 보며 어떤 생각이 드십니까. 여러분은 하나님의 때가 차기까지 기다리십니까? 순종으로 하나님의 메세지를 기다리시나요?

우리도 '더딤을 보고'에 묶여있습니다. 우리도 사역의 열매가 보이지 않으면 이들처럼 금송아지를 만듭니다.

삼천 명을 진멸하신 하나님. 애굽을 나와 홍해를 건너게 하시며 광야에서 먹을 것과 마실 것을 주신 그들을 죽였을 때 마음이 어땠을까요.

이스라엘 백성이 좀 더 기다려 주길 간절히 원하셨겠지요. 우리도 마찬가지입니다.

하나님의 때를 순종함으로 기다리는 것, 그것이 우리가 따라야 할 가장 큰 명령이 아닐까요.

하나님의 일에 동역하며 기대했던 열매가 없을 때 순종하며 기다리십니까. 아니면 자신의 길을 의심하며 두려운 마음에 세상의 방법을 찾아 나섭니까.

오늘 말씀에 그 답이 있습니다. 묵상함으로 승리하는 사역자, 전도자 되시길 소망합니다.

기도

하나님 우리가 눈 앞의 이익과 열매만 바라며 실족하지 않게 하소서.

인내 하며 걸어가는 모든 순간마다 주와 동행하며 주께서 이루실 그 때를 기다리는 사역자가 되게 하소서.

사람의 방법을 취하게 하지 않게 하시고 오직 선하게 인도 하시는 하나님을 의지 하고 간구 하며 하나님의 하시는 일들을 바라보게 하셔서 하나님께서 하셨다라고 진정 고백 하는 사역자 되게 하소서.

예수님의 이름으로 기도합니다. 아멘

■ 샬롬 / 열여덟 번째

샬롬

당신은 주변에 어떤 영향력을 끼치십니까. 선한 영향력을 전하는 그리스도인으로 세움 받으시길 소망합니다.

오늘 함께 나누고 싶은 말씀은 민수기 16장 1절입니다.

레위의 증손 고핫의 손자 이스할의 아들 고라와 르우벤 자손 엘리압의 아들 다단과 아비람과 벨렛의 아들 온이 당을 짓고

당시 지도자 모세와 대제사장 아론의 권력은 막

강했습니다. 이 두 형제를 옆에서 섬기며 성막에서 일 해온 사람들이 있습니다. 레위 지파의 고라, 다단, 온입니다.

성막에서 이스라엘 백성을 대신 해 봉사하던 이들은 가까이 있던 모세와 아론을 보며 시기하고 질투 합니다. 스스로 모세와 아론의 자리에 설 수 있으리라 생각 했습니다. 그래서 총회의 들어온 자 들 중 지휘관 250명을 뽑아 새 세력을 구축합니다. 그리고 모세를 거스릅니다.

'...너희가 분수에 지나치도다 회중이 다 각각 거룩하고 여호와께서도 그들 중에 계시거늘 너희가 어찌하여 여호와의 총회 위에 스스로 높이느냐'

하나님께서 이들을 어떻게 하셨습니까. 주의 거룩한 주권을 인정하지 않은 모든 이를 단번에 멸하십니다. 향로를 들고 있던 250명의 지휘관들을 하나님의 불로 태워 죽이시고 모든 일을 계획한 이들과 그들의 가족을 산 채로 스올에 묻어버리십니다.

　우리는 각각의 교회와 서로 다른 공동체에서 사역을 합니다. 사역자의 리더는 어떻습니까. 부족하고 미흡한 부분이 있습니다. 그보다 내가 더 낫다는 생각도 합니다. 저런 부족한 리더의 명령을 따라야 하는 것이 답답하고 화가 납니다. 결국 리더로 인정하지 않는 단계까지 이릅니다. 내가 그보다 믿음이 좋고 성령님과 나의 하나님께서 나의 계획과 의견에만 집중 하신다는 교만의 마음이 있으신가요.

　아닙니다. 당신 앞에 서 있는 지도자, 리더는 하나님께서 세우신 큰 사역자 입니다. 그와 연합하여 하나님 나라를 확장 하는 것이 주께서 바라는 그 일 입니다. 당 짓기를 기뻐하고 세를 나누어 사역 현장을 흩어버리는 사람은 아닌지, 공동체 안에서 분열의 영에 싸여 열심히 팀을 나누고 있는 것은 아닌지 묵상해 보시길 기도합니다 하나님의 선한 영향력은 합력하여 선을 이룰 때 더욱 아름다운 영광으로 드러날 것이라 믿습니다.

기도

아버지 우리 공동체 안에서 부족한 리더가가 있습니까? 율법으로 정죄 하지 않고 긍휼로 순종 하게 하소서.

아니면 제가 그 부족한 리더입니까.

저를 아버지의 마음으로 바꾸어 주소서.

예수님 이름으로 기도 드립니다. 아멘.

■ 샬롬 / 열아홉 번째

샬롬

오늘 하루 기쁨으로 시작하셨나요? 따듯한 차 한 잔 드시며 하나님이 주시는 평강을 맛 보시기 소망합니다.

오늘 함께 나누고 싶은 말씀은 출애굽기 32장 14절입니다.

여호와께서 뜻을 돌이키사 말씀하신 화를 그 백성에게 내리지 아니하시니라

모세가 시내산에 올라 하나님과 성막 건축의 명과 돌판에 새긴 십계명을 받습니다.

산 아래 이스라엘 백성은 40일이 넘도록 모세가 내려오지 않자 금송아지를 세워 여호와 하나님이라 섬깁니다.

하나님은 자신을 멸시하고 배반한 그들의 마음을 아시고 이 백성을 진멸하시고자 합니다.

그 하나님을 붙잡고 모세가 간절히 기도 합니다.

'여호와여 어찌하여 그 큰 권능과 강한 손으로 애굽 땅에서 인도하여 내신 주의 백성에게 진노하시나이까...주의 종 아브라함과 이삭과 이스라엘을 기억하소서... 이 온 땅을 너희의 자손에게 주어 영원한 기업이 되게 하리라 하셨나이다'

그 약속에 대한 기도가 하나님의 분노와 성난 마음의 뜻을 접게 했습니다.

공의의 하나님은 긍휼의 하나님이십니다. 우리의 연약함을 아시며, 하나님의 뜻대로 거룩한 삶을 살수 없다는 것과 때로 마음에 우상을 품고 사는 것도 아십니다.

이런 나를 기다리시며 부족하고, 연약한 죄인인 우리가 구원이 이르기까지 동행하십니다.

인격적인 하나님이 우리 마음의 연약함과 부족한 것 까지 다 품으시며 구원에 이르도록 기다려 주십니다. 우리의 모든 약함과 괴로움을 아시는 하나님. 우리와 함께 하시는 하나님을 기억하는 하루 되시길 소망합니다.

기도

우리의 부족함과 연약함을 다 아시는 주님,

그럼에도 불구하고 우리를 구원 하시는 십자가의 사랑.

오늘도 그 사랑에 감사와 감격에 은혜를 누리기 원합니다. 예수님 이름으로 기도 드립니다. 아멘.

■ 샬롬 / 스무 번째

샬롬

말씀을 섬기는 사역자, 이웃 사랑을 전하는 전도자의 삶을 살고 계신가요. 우리를 통해 뜻을 이루실 하나님을 바라는 아름다운 하루 되시길 소망합니다.

오늘 함께 나누고 싶은 말씀은 민수기 10장 32절입니다.

우리와 동행하면 여호와께서 우리에게 복을 내리시는 대로 우리도 당신에게 행하리이다

모세가 미디안사람 르우엘의 아들 호밥에게 간절

히 부탁 합니다.

'우리와 함께 가나안 땅으로 가자, 여호와께서 우리에게 복 주시는 대로 우리가 너희들에게 복을 주겠다'라고 말입니다.

호밥은 미디안 사람으로 이방인입니다.

이방인인 호밥이 하나님 백성과 오랜 시간 함께 지냈습니다. 긴 광야길에 좋은 안내자로, 이스라엘과 친구처럼 어울려 같은 장막에 머무르는 것을 즐거워했습니다. 그 호밥이 이제 자신의 고향으로 돌아가길 원합니다. 모세는 우리의 눈이 되어 함께 하나님의 기업인 가나안땅으로 가자 합니다.

호밥이 있어야만 광야를 지날 수 있어서 그랬을까요?

아닙니다. 모세는 그 모든 길을 알고 있었습니다. 하나님의 불기둥과 구름기둥이 인도 하는데 어떻게 길을 모르겠습니까. 하나님께서 동행하심도 믿었습니다.

그럼에도 왜 호밥에게 같이 가나안으로 가자고 했을까요?

이스라엘과 관계 맺은 그에게 하나님의 구원을 보이고자 하는 마음이 모세에게 있었기 때문입니다. 새로운 생명을 주고 싶었던 모세, 온유한 모세는 호밥에게 권면 합니다.

'우리와 동행하자 그리하면 선대하리라 여호와께서 이스라엘에게 복을 내리리라 하셨느니라'

주위에 하나님을 알지 못하면서 우리 사역자와 교회에 선의를 베푸는 이들이 있습니다. 그 아름다운 마음이, 그 귀한 영혼이 하나님을 바라보기까지 그들을 품고 섬기며 선한 마음으로 권면해야합니다. 예수님이 오실 그 날 까지 한 영혼 마다 매겨진 그 피의 값을 기억하며 섬기고 또 섬겨야 하겠습니다. 오늘 하루도 승리 하세요.

기도

하나님 아버지 오늘 하루도 제가 얼굴에 수건을 가리는 자로 나아 가게 하소서.

모든 영광을 오직 주님 만이 받게 하소서.

내 안에 "나"를 없애 주시고 겸손히 주님께 온전히 순종 하는 자 되게 하소서.

연약한 우리는 할 수 없지만 성령님 오시어서 온전한 자로 이끌어 주시옵소서.

예수님 이름으로 기도 드립니다. 아멘.

샬롬 / 스물한 번째

샬롬

주변에 다른 이들의 험담이나 모함을 하는 사람이 있습니까. 이분들과 어떤 방법으로 교제를 나누고 계신가요? 말씀으로 권면하는 하나님의 지혜가 있길 소망합니다.

오늘 함께 나누고 싶은 말씀은 출애굽기 23장 1절입니다.

너는 거짓된 풍설을 퍼트리지 말며 악인과 연합하여 위증하는 증인이 되지 말며

하나님께서 이스라엘 백성에게 가나안 땅에 들어

가 지킬 율법을 말씀하십니다.

하나님의 새로운 나라 건설을 위해 세세한 규례와 율법을 정해 주셨습니다. 자신의 기업인 이스라엘에게 의로운 길을 제시 하셨습니다.

'거짓된 풍설을 퍼트리지 말라' 말씀도 이 율법으로부터 나옵니다.

거짓된 풍설은 헛된 말, 거짓 소문, 확인 되지 않는 소식, 불건전한 풍문을 이야기합니다.

'거짓 풍설과 모함하는 거짓된 증인이 되지 말며'의 말씀을 깊이 묵상하기 원합니다.

매일 마주치는 사람을 헐뜯고 사실을 과장해서 이야기 합니다. 교회 성도의 확인되지 않은 소문이나 풍문을 전하기도 합니다. 이런 소문에 상처 받아 교회에서 나가고 심지어 하나님을 떠나 세상으로 돌아가는 성도도 있습니다.

우리는 하나님과 복음에만 증인이 되어야 합니다. 세상 헛된 것과 썩어가는 것들에 대한 증인으로 설 수 없습니다. 그러나 우리는 헛된 말, 상처주는 이야기가 어떤 영향력을 행사하는지 매일 안타깝게 바라봅니다.

회개하는 마음으로 묵상하길 소망합니다. 우리 하나님과 예수그리스도의 구원의 증인으로만 살아야 합니다. 복음의 증인으로만 산다면 많은 이들을 살리는 증거자, 덕을 세우는 그리스도인이 되지 않을까요. 허망한 풍문, 모함의 증인이 돼서는 안 됩니다. 동일한 은혜를 받은 지체의 행위로 상처 받는 사역자와 지도자를 많이 만납니다.

오늘 다시 한번 말씀을 묵상 하시길 원합니다. 남의 약점과 단점을 부풀려 이야기 하는 지체와 같은 자리에 앉아 그 이야기의 증인으로, 거짓 풍문의 증거자로 연합 하지는 않았는지 돌아 보시길 기도합니다. 오직 하나님과 예수그리스도의 구원만을 증언하는 그리스도의 증인이 되시길 소망합니다.

기도

하나님

우리가 거짓되고 허망한 풍문을 퍼트리는 사람
되지 않게 하소서.

오직 예수그리스도만을 증언 하는 사람 되게 하
소서.

남의 약한 부분을 보며 나는 행복하다 말하지 않
았나 생각하게 하소서.

남의 약한 부분을 사실 보다 더 확대 해서 말하지
않았는지 돌아보게 하소서.

세상에 나아가서 덕을 세우고 그리스도 향기를
날리는 사람 되게 하소서.

예수님 이름으로 기도 드립니다. 아멘.

샬롬 / 스물두 번째

샬롬

바쁜 하루 차 한잔 하시면서 묵상하시길 소망합니다. 잠잠히 하나님과 교제함으로 승리 하세요.

오늘 함께 나누고 싶은 말씀은 민수기 14장 19절입니다.

구하옵나니 주의 인자의 광대하심을 따라 이 백성의 죄악을 사하시되 애굽에서부터 지금까지 이 백성을 사하신 것 같이 사하시옵소서

이스라엘 백성을 애굽에서 건져내신 하나님은 그들을 가나안 땅 바로 앞까지 인도 하십니다.

이스라엘은 아름다운 가나안 성으로 열 두 명의 정탐꾼을 보냅니다. 여호수아와 갈렙을 제외한 열 명의 정탐꾼이 모세와 이스라엘 백성 앞에서 가나안에서 본 것을 보고합니다.

그곳은 거대한 아낙 자손이 사는 단단한 성읍이며 우리는 그들 앞에서 메뚜기와 같다고 말합니다.

이 이야기를 들은 이스라엘 백성이 하나님을 원망 합니다. 탄식하며 다시 애굽으로 돌아가자고 합니다. 하나님께서 이 말을 듣고 크게 노하셔서 이들을 다 진멸하겠다 모세에게 말씀하십니다. 하나님의 분노 앞에 모세가 무릎을 꿇습니다. 그들의 죄를 용서해 달라고 간절하게 기도 합니다. 백성을 위해, 그들을 살리기 위해 하나님 앞에 엎드립니다.

이 부분을 함께 묵상하고 싶습니다. 모세도 이 이스라엘 백성이 얼마나 밉겠습니까.

먹을 것을 주면 감사가 넘치다가 물이 떨어지면 바로 원망하고 돌을 던집니다.

일만 생기면 노예의 삶에서 구원받은 은혜를 잊고 다시 애굽으로 돌아가자고 합니다.

모세는 이 백성을 보며 탄식과 원망을 감추기 힘들었을 것입니다.

모세도 이 백성을 광야에 버려두고 혼자 가나안의 기업에 들어가고 싶겠지요.

그렇지만 그는 하나님 앞에서 기도합니다. 매 번 자신을 향해 원망의 돌을 던지는 백성을 위해 다시 긍휼로 무릎을 꿇습니다. 하나님께서는 이스라엘 백성이 자신을 멸시하고 배반할 때마다 그들을 진멸 하려는 마음이 여러 번 들었다고 말씀하십니다. 이런 하나님의 마음을 모세가 말립니다. 죄를 긍휼로 용서 하시고 이들의 조상과 맺은 아브라함의 약속, 이삭의 약속, 야곱의 약속을 기억해 달라고 기도 합니다.

우리는 어떻습니까.

공동체에서 하나님의 사역을 하다보면 억울한 사

건, 배신당하는 경우가 생깁니다.

그 일이 능욕과 조롱이 되어 돌아오기도 합니다. 상처받아 참담한 심정으로 공동체를 떠나고 싶습니다.

하나님의 큰 뜻을 묵상하며 넘어지는 우리를 붙잡기 소망합니다. 교회의 봉사활동, 세상의 일터와 맡고 있는 전도 사역에서 우리는 무엇을 바라고 있나요. 각각의 공동체에서 사람의 말이 아닌 하나님의 뜻과 그분의 음성에만 귀 기울이며 순종하는 하루가 되시길 기도합니다.

기도

하나님 오늘 하루도 하나님과 교제하게 하시니 감사 합니다.

공동체 안에서 난 어떤 전도자고 사역자인지 돌

아보게 하소서.

　주의 일을 하지만 돌아오는 댓가가 원망과 불평과 능욕일지라도 지체들을 향해 진심으로 기도하는 리더, 사역자가 되게 하소서.

　공동체 안에 지체들의 잘못을 용서받길 기도하고 긍휼을 구하는 리더 사역자가 되게 하시옵소서. 예수님 이름으로 기도드립니다. 아멘.

샬롬 / 스물세 번째

샬롬

오늘 하루 하나님과 동행하며 승리하시길 소망
합니다.

지금 여러분과 나누고 싶은 말씀은 신명기 1장
33절입니다.

그는 너희보다 먼저 그 길을 가시며 장막 칠 곳을 찾
으시고 밤에는 불로, 낮에는 구름으로 너희 가 갈 길을
지시하신 자이시니라

이스라엘 백성이 애굽에서 가나안까지 안전하게
이르도록 하나님이 그분의 장막에서 동행하셨습니

다. 매일, 매 순간 걸음마다 불과 구름으로 갈 길을 먼저 알려 주시고 인도하셨습니다.

여러분. 모든 삶에서 우리와 함께 하시는 하나님을 기억 하십니까.

어둡고 추운 밤에는 따뜻한 불로, 태양이 뜨거운 한 낮에는 그늘이 되는 구름으로 여러분을 안전하게 보호하십니다.

염려와 걱정, 다가올 일에 대한 두려움에도 함께 하시는 하나님을 기억하시길 바랍니다. 모든 염려와 근심, 걱정을 하나님의 능력으로 보호하시고 해결 하신다는 것을 잊지 않기를 소망합니다. 믿음이란 살아계신 하나님을 믿고 그의 능력으로 내 모든 문제를 해결 받는다 함을 믿는 것입니다. 그것을 믿음으로 참 평강을 선물로 받을 수 있습니다.

오늘 말씀을 믿으시길 소망합니다.

밤에는 불로 낮에는 구름으로 인도하시는 하나님이 지금 우리 가운데 계시며 매 순간 함께 하십니다.

하나님과 함께 승리하는 하루되시길 바랍니다.

기도

하나님, 오늘도 우리는 삶의 일부분인 하루를 염려 가운데 살고 있습니다.

우리에게 평강 주시는 하나님께 인생의 모든 문제를 맡기게 하소서.

우리와 매일매일 동행 하시고 보호 하시고 안전하게 인도하시는 하나님을 바라보는 하루 되게 하시옵소서.

예수님 이름으로 기도드립니다. 아 멘.

샬롬 / 스물네 번째

샬롬

오늘 하루는 나의 뜻, 나의 의지가 아닌 하나님의 뜻으로 인도받는 하루가 되었으면 좋겠습니다.

지금 여러분과 나누고 싶은 하나님의 말씀은 여호수아 1장 8절입니다.

이 율법책을 네 입에서 떠나지 말게 하며 주야로 그것을 묵상하여 그 안에 기록된 대로 다 지켜 행하라 그리하면 네 길이 평탄하게 될 것이며 네가 형통하리라

가나안을 앞에 두고 모세는 명령을 따라 여호수아에게 안수합니다. 그를 이스라엘 백성의 새지도

자로 세운 후 열조에게 돌아갑니다. 여호수아는 사명을 받고 지도자가 됩니다. 이스라엘 백성도 여호수아를 새로운 지도자로 인정하고 그의 말에 순종합니다. 하나님은 맹세하신 대로 광야와 레바논, 큰 강 유브라데에 이르는 헷 족속의 온 땅과 해 지는 쪽 큰 바다까지의 영토를 주시겠다고 말씀하십니다.

'...내가 모세와 함께 있었던 것 같이 너와 함께 있을 것임이니라 내가 너를 떠나지 아니하며 버리지 아니하리니 강하고 담대하라 너는 내가 그들의 조상에게 맹세하여 그들에게 주리라 한 땅을 이 백성에게 차지하게 하리라'

여호수아는 하나님의 말씀을 받고 이제 가나안 땅을 차지할 일만 남았습니다. 이 땅을 차지하기 위해 백성과 여호수아가 형통 할 수 있는 방법을 알려 주십니다.

율법을 지켜 우로나 좌로나 치우치지 말라. 율법 책을 네 입에서 떠나지 말게 하고, 주야로 묵상하여 그 안에 기록된 대로 다 지켜 행하는 것. 이것을 지키면 네 길이 평탄하고 형통하게 되리라 하십니다.

문제를 앞에 둔 우리는 어떻게 행동 하는지 함께 묵상하고 싶습니다.

하나님께서는 우로나 좌로나 치우치지 말며 주야로 율법책을 묵상하라 하십니다.

우리는 어떨까요. 내 생각이 앞섭니다. 나의 뜻, 나의 의지로 모든 일이 해결되길 원합니다. 왜 그럴까요. 하나님의 뜻은 답답해 보이기 때문입니다.

기다리라 하시는 그의 말씀을 의지하기 어려워서 그렇습니다. 그래서 우리의 생각과 지혜로 우로도 좌로도 치우치며 두려움과 걱정으로 문제를 해결합니다. 그리고 하나님의 방법으로 문제를 해결 받았다 말 합니다.

이 말씀을 묵상하기 원합니다.

하나님이 주신 약속의 말씀을 붙잡고 있으신가요? 강하고 담대하며 두려워 하지 않는 것. 하나님은 나를 버리지 않으시며 우리와 함께 하신다는 말씀.

이것을 기억하며 하나님이 해결해 주실 그 때까지 나 자신과 싸워야 합니다. 하나님께서 주신 율법책, 말씀 붙잡고 하나님의 방법으로 인도받기까지 기다리길 소망합니다.

오늘 하루도 승리하세요.

기도

하나님 우리에게 평탄의 복 받을 방법을 알려 주시니 감사합니다.

이 방법이 형식과 지식에 머무르지 않도록 해 주세요.

언제나 우리의 지식과 습관과 경험으로 문제를 해결하려 합니다.

오늘 이 묵상을 통해 하나님의 방법을 지켜 행하게 하시고 온전한 평탄의 복을 받게 하옵소서. 예수님 이름으로 기도 드립니다 아멘.

샬롬 / 스물다섯 번째

샬롬

하나님과의 교제가 깊어지길 원하세요? 오늘 하루 묵상 중에 친밀한 하나님을 만나 영성이 더욱 깊어지는 하루가 되시길 소망합니다.

오늘 함께 나누고 싶은 말씀은 여호수아 1장 6절입니다.

강하고 담대하라 너는 내가 그들의 조상에게 맹세하여 그들에게 주리라 한 땅을 이 백성에게 차지하게 하리라

모세가 죽은 후 하나님은 여호수아를 불러 말씀

하십니다.

'강하고 담대하라..'

어떻게 마음을 강하고 담대하게 할 수 있을까요. 모세에게는 지팡이를 주셨습니다. 지팡이로 애굽 땅을 진멸하게 했으며 홍해 바다를 가르게 하셨습니다.

여호수아에게는 무엇을 주셨습니까. 예. 하나님의 말씀인 율법책을 손에 쥐어 주셨습니다.

'이 율법책을 네 입에서 떠나지 말게 하며 주야로 그것을 묵상하여 그 안에 기록된 대로 다 지켜 행하라 그리하면 네 길이 평탄하게 될 것이며 네가 형통하리라'

말씀을 묵상하고 그것을 지켜 행하면 하나님께서 형통하게 하신다, 사역자이며 전도자인 우리는 어떤 방법으로 마음을 강하고 담대히 해야 할까요.

하나님의 뜻과 동일한 뜻을 품는 것이 우리의 마음을 강하고 담대하게 하는 것입니다. 우리의 의지와 우리의 탐욕으로 하나님의 뜻을 억지로 세우려고 하는 경우가 많습니다. 나의 말과 행동에서 나의 욕심, 나의 의지가 나타나는 것은 하나님의 뜻과 나의 뜻이 다르기 때문입니다.

강하고 담대히 하나님의 뜻을 다르는 것. 우리는 말씀에서 하나님의 뜻을 알아갑니다. 말씀을 듣고 순종함으로 행하는 행위가 따라야 하나님께서 허락하신 지경까지 나아 갈수 있습니다. 하나님께서 주신 지경까지 넓어져도 인간은 또 자신의 욕심을 위해 그 영역을 확장하려고 합니다. 하나님의 뜻을 아는 것. 그 뜻을 순종함으로 지켜 행하며 욕심을 내려놓고 끝 까지 말씀에 따르는 것이 우리 사역자, 전도자가 해야 할 사명임을 알아야 하겠습니다.

기도

하나님 우리에게 하나님께서 형통의 방법을 가르쳐 주셨음을 감사드립니다.

하지만 우린 이 방법을 우리의 의지와 탐욕으로 사용 합니다.

말씀을 묵상 하지만 모든 행위가 우리의 의와 탐욕이었음을 고백 합니다.

하나님께서 지경을 허락하신 곳 까지만 온전히 순종할 수 있는 강하고 담대함을 주시옵소서.

예수님 이름으로 기도 드립니다 아멘.

샬롬 / 스물여섯 번째

샬롬

자녀와 행복하기 바라십니까? 행복은 하나님의 말씀으로부터 옵니다. 자녀와 하나님의 말씀을 묵상하며 그 뜻 안에서 주께서 주시는 복을 나누시기 바랍니다.

오늘 함께 나누고 싶은 말씀은 신명기 28장 67절입니다.

네 마음의 두려움과 눈이 보이는 것으로 말미암아 아침에는 이르기를 아하 저녁이 되었으면 좋겠다 할 것이요 저녁에 이르기를 아하 아침이 되었으면 좋겠다 하리라 신명기 28장은 순종하여 받는 복과 불순종 하여 받는 저주에 관한 이야기입니다. 말씀에 순종 했을 때 하나님은 우리가 생각 하지도 못 했던 큰 복을 주신다 하십니다. 반대로 불순종 했을 때 받는 저주와 재앙은 무섭고 두려운 내용 뿐입니다. 우리 성민들이 각 민족에게로 흩어져 살며 번성하지 못하여 그 믿는 자가 얼마 남지 않을 것이라는 말씀입니다.

불순종으로 인해 받는 저주의 내용에서 내 눈 앞에 닥친 저주로 말미암아 아침에는 저녁이 되기를, 저녁에는 아침이 되기를 바란다는 말씀이 와 닿습니다.

우리 인생에 얼마나 많은 고난과 어려움이 있나요.

어려움에 못 이겨 하나님을 떠났을 때, 주 안에 거하면서도 시험으로 고난의 자리에 있을 때 저녁이면 아침이 되기를 바랐고, 아침이면 저녁이 되길 바랐습니다. 여러 해가 지나고 하나님께 매인 바 되었을 때 그 어려움의 시간이 축복의 시간임을 알게 되었습니다.

여러분은 어떠신가요?

하나님을 만나 순종 함으로 기쁨을 누렸을 때, 하나님을 떠나 불순종 함으로 받았던 고난과 어려움, 지금 하나님 안에 계신 여러분은 그 은혜에 한 없이 감사하시길 소망합니다.

나를 돌이키심으로 다시 축복의 자리에 두신 그 은혜에...

기도

우리의 삶을 하나님의 뜻으로 인도받길 거부 할 때가 있습니다.

그러나 하나님은 우리를 사랑 하시어 사랑의 매로, 선하신 길로 인도하십니다.

그것을 알지 못하는 우리는 늘 불평과 원망만을 주께 드립니다.

아침에 눈을 떠 해 지는 저녁 까지 그 어떤 상황에도 감사로 고백하도록 인도해 주시 옵소서. 예수님 이름으로 기도 드립니다. 아멘.

샬롬 / 스물일곱 번째

샬롬

하나님과 아름다운 교제의 시간을 갖고 싶으신가요? 말씀 앞으로 나와 묵상 중에 하나님을 만나시길 소망합니다.

오늘 함께 나누고 싶은 말씀은 창세기 1장 12절입니다.

땅이 풀과 각기 종류대로 씨 맺는 채소와 각기 종류대로 씨 가진 열매 맺는 나무를 내라 하시니 그대로 되어

천지 창조 셋째 날입니다. 씨 맺는 채소와 각기

종류대로 씨 가진 열매 맺는 나무를 내라 하셨습니다. 하나님 보시기에 참 좋은 아름다운 창조 역사입니다.

하나님께서 각 종류대로 채소와 나무를 만드신 것처럼 사람도 각각 다른 생각과 형상으로 만드셨습니다. 얼굴과 피부색, 생각과 감정이 다른 각각의 인간을 만드시고 모두 다른 지성, 감정, 의지를 주심으로 이를 통해 하나님의 뜻을 이루고자 하십니다.

우리에겐 힘든 훈련의 과정이 이 말씀에 들어 있습니다. 각각의 다른 색깔의 모습 그대로 하나의 공동체에 모이게 하셔서 하나를 이루는 훈련을 시키십니다.

다른 생각, 다른 성격, 다른 경험의 사람들을 모으십니다. 그리고 하나의 목적, 하나님의 뜻을 위해 아름다운 공동체, 합력하여 선을 만들어 내길 원하고 바라십니다.

우리는 다르다, 라고 말 하지 않습니다. 틀리다, 넌 잘못 되었다 라고 말 합니다.

모든 사람이 나와 같은 생각을 하기 바라면서 경쟁하고 갈등하며 공동체를 분쟁의 자리로 만듭니다. 창조주 하나님은 이 모든 사실을 아십니다. 그렇기 때문에 한 공동체에서 긍휼로 지체를 감싸고 순종하며 하나님의 뜻을 이루어낼 때 더욱 기뻐하십니다. 내 생각이 상대방과 다름을 인정하는 것. 다른 의견을 공감하고 들어주며 긍휼로 받아 주는 것.

이것이 바로 사랑의 마음이 가득한 공동체가 아닐까요.

기도

하나님 아버지

저희들을 다르게 만드시고 지,정,의도 다르게 만드신 이유를 이제 조금 알 것 같습니다. 나와 다른 상대를 인정하는 것은 성령님의 의지로만 가능한 일 임을 압니다. 각각 다른 우리의 모습을 받아들일 수 있게 하옵소서.

예수 그리스도의 사랑만이 하실 수 있음을 고백하고 우리의 지,정,의를 온전히 성령님께 맡기며 부족하고 연약한 우리들이 다른 것을 인정 하고 사랑하게 하소서.

예수님 이름으로 기도 드립니다. 아멘.

샬롬 / 스물여덟 번째

샬롬

하나님의 방법을 구하고 계신가요. 나의 지혜와 방법을 의지 하지 않길 소망합니다. 매일 일어나는 문제와 어려운 상황을 하나님의 방법과 지혜로 바라보는 성도 되시길 소망합니다.

오늘 함께 나누고 싶은 말씀은 창세기 40장 8절 입니다.

그들이 그에게 이르되 우리가 꿈을 꾸었으나 이를 해석 할 자가 없도다 요셉이 그들에게 이르되 해석은 하나님께 있지 아니하니이까 청하건대 내게 이르소서 애굽의 바로왕에게 두명의 관원장이 있습니다. 술 맡은 관원장과 떡 굽는 관원장입니다. 이 두 사람이 죄를 지어 감옥에 갇힙니다. 요셉이 있는 그 감옥입니다. 감옥을 관리하던 요셉이 이 둘을 섬깁니다. 어느날 아침 요셉이 보니 두 관원장의 얼굴에 근심이 가득 합니다. 이유를 묻는 요셉에게 이들은 각자 이상한 꿈을 꿨다 말합니다.

요셉이 이들에게 대답합니다.

'해석은 하나님께 있지 아니하니이까 청하건대 내게 이르소서'

요셉의 이 확신은 어디서부터 올까요. 요셉은 이 두 관원장의 꿈 이야기를 듣기 전부터 이미 확신에 차 있습니다.

지금 요셉이 가장 확실하게 알고 있는 것은 '하나님께서 함께 한다' 뿐입니다. 하나님이 함께 하신다는 확신이 있던 요셉. 애굽에 팔려 가서도 형통

이 따랐습니다.

모든 문제를 하나님께 묻고 그의 지혜를 구했습니다. 이들의 이야기도 하나님께서 반드시 함께 하심을 믿었기에 자신있게 대답할 수 있었습니다. 천지를 지으신 하나님께서 그 꿈을 해석 해 주실 것을 알았기에 내게 말 하라 하는 것입니다.

요셉을 보며 우리의 모습을 돌아봅니다. 문제의 모든 열쇠를 하나님이 쥐고 계심을 알면서도 세상의 방법과 지식, 지혜로 해결하려 합니다. 요셉을 보십시오. 늘 하나님께 먼저 구하고 묻습니다. 하나님을 믿고 신뢰 하므로 가능한 일 아닐까요. 그 마음의 중심을 아시는 하나님이 모든 일을 형통하게 하십니다.

내가 잘 아는 문제도 묻고 구할 때 하나님은 그분의 지혜를 나에게 허락하십니다. 나의 얄팍한 지식과 지혜, 세상의 방법이 하나님의 방법과 그의 의지를 가리고 있는 것은 아닌지 묵상하는 하루 되시길 소망합니다.

기도

하나님 아버지.

우리의 얄팍한 지혜를 용서 하여 주소서. 함께 하시는 하나님을 잊는 우리의 의를 용서 하여 주시옵소서. 모든 문제 해결하시는 하나님을 잊고 우리의 지혜를 우상 삼아 문제 해결을 바라는 마음을 절제 하게 하시고 항상 함께 하시는 하나님을 의지 하고 확신하게 하소서.

사소한 일상의 문제도 하나님 중심으로 하나님께 구하고 주시는 지혜로 형통의 삶을 살아 가게 하소서. 예수님 이름으로 기도 드립니다. 아멘.

샬롬 / 스물아홉 번째

샬롬

하루를 소망으로 시작하는 날이 있습니다. 말씀 가운데 소망을 품는 하루되길 기도합니다.

오늘 나누고 싶은 하나님의 말씀은 출애굽기 31장 2절입니다.

내가 유다 지파 훌의 손자요 우리의 아들인 브살렐을 지명하여 부르고

'브살렐', 하나님의 보호를 받은 자입니다. 브살렐은 유다의 6대 손으로 하나님의 부르심으로 성막 건축을 소명을 받은 자입니다. 단 지파 아히사막의

아들 오홀리압을 세우셔서 브살렐과 함께 명한 것을 다 만들게 하리라 하십니다. 그들에게 지혜를 주심으로 이 일을 감당 할 수 있게 하셨습니다.

'지명하여 부르시고'. 하나님께서는 우리를 지명하여 부르십니다. 그리고 감당 할 수 있는 일에 소명을 주십니다. 그런데 그 일을 혼자 하지 않도록 동역자를 함께 주십니다.

소명을 감당하기 힘들어 거절하는 우리가 결국 하나님의 뜻에 순종해 사역을 시작 하면 하나님은 돕는 자, 동역자를 곁에 세워주십니다.

오홀리압은 양장과 휘장, 의복을 만들라는 소명을 받은자입니다. 성막 건축 소명을 받은 브살렐에게 가장 필요한 동역자입니다. 소명을 받은 사역자요 전도자인 우리에게도 하나님은 동역자를 보내 주십니다. 하나님은 그의 나라와 그 의를 이루기 위해 우리를 가장 완전한 자리를 이끄십니다. 그 자리에서 이 모든 것을 이루신 하나님을 고백 함으로 함께 한 동역자의 귀함을 깨닫게 됩니다. 하나님의 선한 의지로 보내신 동역자를 귀하게 여겨야 합니다.

기도로 동역자를 구하며 그를 보내주심에 감사하고 하나님의 완전한 때를 기대하며 그와 더불어 사명을 이루어 갈수 있길 바랍니다.

기도

하나님 감사합니다.

하나님께서 사명으로 부르시고 고난을 통하여 우리의 마음을 넓히사 준비된 자로 세우셨을 때 동역자를 주셨습니다. 사명을 마치고 주께서 하셨음을 고백하게 하심과 함께 한 동역자의 귀하고 보배로움을 알게 하여 주심을 감사드립니다.

예수님 이름으로 기도 드립니다. 아멘.

샬롬 / 서른 번째

샬롬

오늘 하루 하나님의 은혜를 기억하며 승리하세요.

여러분과 나누고 싶은 하나님의 말씀은 신명기 8장 17절입니다.

그러나 네가 마음에 이르기를 내 능력과 내 손의 힘으로 내가 이 재물을 얻었다 말 할 것이라.

가나안을 앞에 두고 모세가 마음에 품었던 염려를 백성과 나눕니다.

너희의 재물은 너희의 능력과 너희의 힘으로 얻

은 것이 아니다, 라고 말입니다. 광야시절 하나님
께서 그의 백성을 먹이시고 입히시며 바른길로 인
도 하셨습니다.

건조한 땅과 바위에서 물을 내시고 불뱀과 전갈
이 가득한 땅에서 그들을 지키셨습니다. 은혜로 광
야를 건너 가나안까지 이르게 하심을 기억하지 못
할까 두려워 모세가 백성에게 다시 이야기합니다.
우리의 모습과 신앙생활도 되돌아 보길 원합니다.

어떤 상황에 있더라도 하나님의 은혜를 기억 하
고 있는지 말입니다. 불행이나 행복 가운데 있더라
도 이 모든 상황과 여건이 하나님의 은혜임을 인정
하고 기억하는 삶, 그것이 바로 승리 삶이요, 하나
님이 기뻐하는 인생임을 기억하시길 바랍니다. 마
음의 중심을 보시고 더 큰 은혜로 이끄시는 하나님
을 찬양 하시길 소망합니다.

기도

하나님 감사합니다.

우리의 삶을 푸른초장으로 인도하여 주신 은혜를 감사 합니다.

광야에서 하나님 은혜를 기억하여 범사에 감사하고 범사에 기뻐하는 우리의 삶이 되게 하여 주시옵소서.

예수님의 이름으로 기도 드립니다. 아멘.